Guy Perraudeau

DAS BECKEN VON ARCACHON

Fotos von Eric Audinet

Ins Deutsche übersetzt von Andrea Klewe

D1700792

SUD OUEST

Für den Geographen ist das Becken von Arcachon eine Bucht. Aber für seine Bewohner, die Einwohner von Bordeaux und die Touristen ist es beinahe eine Insel, so sehr fällt es durch seine Andersartigkeit auf. Dieser Eindruck entsteht durch die isolierte Lage des Beckens inmitten einer geradeverlaufenden Dünenküste und eines Waldgebietes, das an einen Ozean erinnert. Wie auf einer Insel bestimmen auch hier Ebbe und Flut den Lebensrhythmus. Das Wissen um die Gezeiten ist hier unentbehrlicher als irgendwo sonst, denn bei Ebbe gibt das Meer 2/3 des sich über 155km^2 erstreckenden Beckens frei. Dieses Phänomen macht manchmal den Wassersportlern zu schaffen, die dann mit den Fahrrinnen, den sogenannten «esteys», Vorlieb nehmen müssen. Aber zugleich liegt hierin auch der wirtschaftliche und gastronomische Reichtum Arcachons begründet : die Austernzucht.

Das Mündungsgebiet der Leyre.

Die Dörfer der Austernzüchter liegen über die 85 km lange, die Bucht begrenzende Küste verstreut und vermitteln dem Besucher den Eindruck einer Welt, in der sich nichts mehr verändert. In der Gegend um Arcachon ist jedoch nichts unveränderlich, selbst die Natur nicht. Die Bewohner des Beckens sind sich dessen sehr wohl bewußt und fürchten das Meer, das auf der Halbinsel Cap-Ferret die Küste unterspült. Sie erinnern sich noch daran, wie im 18. Jahrhundert das Vorwärtsdringen der Sandbänke ihre Dörfer bedrohte. Tatsächlich hatte das Becken von Arcachon nicht immer die Form, wie wir sie heute kennen. Vor ungefähr 10 000 Jahren befand sich die Küste weiter westlich. Die Erwärmung der

Auf den folgenden Seiten :
Der Strand von La Pointe aux Chevaux mit seinen Villen und Austernhütten.

Die Kapelle der ehemaligen «Villa Algérienne» in Le Canon. Im Jahre 1865 von Léon Lesca gebaut, wurde diese im neo-maurischen Stil gebaute Villa 1965 zerstört.

Erdatmosphäre ließ dann jedoch den Meeresspiegel ansteigen, so daß sich die Küste nach und nach ihrer heutigen Lage näherte. Zugleich durchschnitt die Mündung der Leyre die Küste, wobei sich dieser Einschnitt ausdehnte und so ein Delta entstand. Im Laufe der Zeit bildeten sich im Süden Dünen, die die Küste von Pilat mit der «Ile aux Oiseaux» verbanden. Die Leyre wurde so weiter nach Norden verschoben und bildete eine dreieckige Tasche. Im Norden entstand durch die Anschwemmungen der Küstenströmung die Halbinsel Cap-Ferret, die sich nach Süden auszudehnen begann. Aber diese Entwicklung verlief nur sehr langsam, und um das 11. Jahrhundert unserer Zeitrechnung befanden sich die Fahrrinnen immer noch westlich der «Ile aux Oiseaux», die zu der Zeit noch mit dem Festland verbunden war. Das Dreieck hatte somit beinahe seine Form angenommen. Die einzige wesentliche Veränderung sollte in der Folge die Verlagerung der Fahrrinnen nach Südwesten sein - eine Bewegung, die durch das Vorwärtsdrängen der Halbinsel

Cap-Ferret verursacht wurde. Nach und nach sollte sich das Fahrwasser von Piquey (im Westen der heutigen «Ile aux Oiseaux») nur noch wenig in südwestliche Richtung bewegen. Indes sollte durch die Verlagerung der Fahrrinne von Teychan (sie verläuft vor Arcachon) die «Ile aux Oiseaux» schließlich vom Festland abgeschnitten werden. Das Becken hatte nun endgültig seine Form angenommen, aber Wasser und Sand sorgten auch weiterhin für Erosionen und Ablagerungen. So befand sich zur Zeit der Französischen Revolution die Landzunge von Ferret etwa 5 km weiter nördlich als heute. Umgekehrt ist die Küste von Pilat innerhalb von drei Jahrhunderten um mehr als 3 km zurückgewichen. Angesichts dieser Entwicklung kann man die Frage stellen, warum sich die Bucht von Arcachon nicht geschlossen hat, um so, wie in anderen Teilen der Landes, Seen entstehen zu lassen. Die Antwort liegt zum einen im Einfluß der Gezeiten, zum anderen in der Wassermenge, die die Leyre transportiert, für die das Becken zugleich Mündungsgebiet ist.

Zur Zeit der Bojer - die Schwierigkeiten einer «Spurensuche» an der Küste.

Dem Archäologen wird seine Arbeit durch die Veränderungen an der Küste und des Bodens natürlich nicht gerade leichtgemacht. Aber Funde lassen darauf schließen, daß es im Gebiet der Leyre seit dem 9. Jahrtausend v. Chr. Menschen gegeben hat. Die Ansiedlungen scheinen jedoch nicht sehr bedeutend gewesen zu sein, und ihre weitere Entwicklung liegt im Dunkeln. In der Tat finden sich neue Spuren erst wieder aus der Zeit um 4500

Die Landspitze von Branne liegt am Rande des Landgutes Certes in der Gemeinde Audenge und ist eine Hochburg der «chasse à la tonne».

Die weiten Sandflächen der «Ile aux Oiseaux» gibt das Meer bei Ebbe frei. Bei klarem Wetter sieht man von Arcachon aus die berühmten, auf «Stelzen» gebauten Hütten, die «cabanes tchanquées». (Foto Jacques Thomas)

v. Chr.. Zu dieser Zeit lebten die Menschen in Hütten aus Zweigen, die mit Fellen bedeckt waren. Sie ernährten sich von Früchten, ihrer Jagdbeute und vom Fischfang. In der Bronzezeit (um 2000 v. Chr.) kamen im Zuge von Wanderbewegungen Stämme vom Osten her an die Küste des Beckens. Zahlreiche Funde zeugen von mannigfaltigen Aktivitäten während der frühen Eisenzeit (die Hallstatt-Kultur). In der Folge werden die Spuren menschlichen Lebens seltener. Man weiß jedoch, daß die Gegend von Buch (die historische Bezeichnung für das Becken und seine Umgebung) wenige Zeit vor der römischen Invasion von einem keltischen oder aquitanisch-keltischen Stamm, den Bojern, bewohnt war. Zahlreiche Ortsnamen auf -os (Mios, Andernos, Biganos, Auros, …) haben ihren Ursprung in dieser Epoche. Die Zeit der römischen Präsenz hat keine bedeutenden Überreste hinterlassen, aber man weiß, daß die Gegend von Buch vor 506 n. Chr. ein Bistum war. Darüberhinaus hat man in Andernos (nahe der Kirche) Spuren einer Basilika aus dem 4. oder 5. Jahrhundert gefunden.

Das Abenteuer des «Captalat»

Nach den Invasionen im frühen Mittelalter bildeten die Gemeinden im Süden des Beckens (La Teste, Gujan und Cazaux) ein sich über weite Gebiete erstreckendes Lehen, das «captalat» von Buch. Sein Lehnsherr führte den Titel eines «captal» (im Dialekt der Gascogne : «captau»), den das Fernsehen wenn nicht beliebt, so doch zumindest berühmt machte, indem es ihn zum Gegner von Thierry-la-Fronde machte. Anfang des 14. Jahrhunderts ging der Titel an eine der bedeutendsten Familien der Gascogne über, an die der Lehnsherren von Bordeaux. Nach dem Tod des letzten Vertreters dieser Dynastie im Jahre 1309 fiel das beträchtliche Erbe, darunter auch das Lehen von Buch, an seine Schwester. Diese hatte ein Mitglied der Familie de Grailly geheiratet, an das man sich als den großen «captal» erinnern sollte. Wie alle Mitglieder seiner Familie war auch er ein treuer Verbündeter des Königs von England, der zugleich auch Herzog von Aquitanien war. Als treuer Vasall kämpfte er Zeit seines Lebens gegen die Franzosen, aber auch gegen die Slaven mit ihren teutonischen Rittern und gegen aufständische Bauern. Nachdem er 1372 vom König von Frankreich gefangengenommen worden war, starb er vier Jahre später in Gefangenschaft. In der Folge fiel das «captalat» an die Grafen de Foix, die aber dem Bündnis mit den Engländern treu blieben. Im Jahre 1442 kämpfte der «captal» Seite an Seite mit Robert Ros, um die französischen Truppen aus ihrer Stellung in Saint-Loubès, im Entre-deux-Mers zu vertreiben. 1451 trat der «captal» Gaston de Foix in Friedensverhandlungen mit Vertretern des Königs von Frankreich ein. Die wiederhergestellte Ruhe war jedoch nur relativ, da Überfälle von Soldaten, die nach dem Ende der Auseinandersetzungen zu Plünderern geworden waren und sich zu Banden zusammengeschlossen hatten, das Gebiet von Buch verwüsteten.

Im 18. Jahrhundert denkt man an den Fortschritt.

Wenn das 17. Jahrhundert auch ohne bedeutende Ereignisse verlief, so gilt dies nicht für das 18. Jahrhundert, in dem Projekte zum wirtschaftlichen Ausbau der Region entstanden. Im Jahre 1727 begab sich «Le Masson du Parc», der für das Fischereiwesen zuständige Beamte, an Ort und Stelle, um Möglichkeiten zum Ausbau des Hafens von La Teste zu prüfen. 1759 ließ der Marquis de Civrac in Audenge eine Reihe von Salzgärten anlegen. Aber deren Bewirtschaftung , die an die Befreiung von der damals erhobenen Salzsteuer gebunden war, sollte nur von kurzer Dauer sein, da der König in der Folge entschied, dem Marquis dieses Privileg zu entziehen. Nachdem die Salzgärten einige Zeit brachgelegen hatten, wurden sie im 19. Jahrhundert in Fischteiche verwandelt. Im Jahre 1784 begann Nicolas Brémontier, Ingenieur für Brücken-und Straßenbau, mit der Befestigung der Dünen, die damals bis in die Dörfer und auf die Felder drangen. Er ließ auf einer Fläche von 3700 ha Kiefern und Ginster pflanzen. Diese Maßnahme ermöglichte den Ausbau der Städte im Umkreis des Bekkens und brachte der Gegend mit dem Holz und dem Harz der Kiefern zugleich neuen Reichtum. Im Zeitalter der Aufklärung ließ der König Möglichkeiten zur Anlage eines Hafens prüfen. Das Ergebnis dieser Untersuchung fiel jedoch auf Grund der Beschaffenheit des Bodens und des Vorwärtsdringen der Sandbänke negativ aus.

Die explosionsartige Entwicklung im 19. Jahrhundert.

Auch im 18. Jahrhundert gehörten die Austern fest zum Leben in den Städten und Dörfern ringsum das Becken. Ihre Ernte war für die Küstenbewohner seit jeher eine Tätigkeit, die Vorrang vor allen anderen hatte, und im 16. Jahrhundert belieferte der «captal» Bordeaux mit den Muscheltieren. Aber erst im Jahre 1849 wurden Konzessionen vom Seeamt vergeben. Zehn Jahre später bezeichnete man mit dem Begriff «ostréiculture» (damals noch : «ostréoculture» ; Austernzucht) zum ersten Mal die Ernte des «naissain», der Austernlarven. Die Austernzucht nahm in der zweiten Hälfte des Jahrhunderts eine solche Entwicklung, daß man mehr als 4000 Züchter zählen konnte. Ins 19. Jahrhundert fal-

len mit dem Bau von Bäderanlagen und eines Hotels auch die Anfänge des Tourismus. Der Capitaine Legallais hatte sie im Jahre 1823 in Eyrac (an der heutigen küstenstraße von Arcachon gelegen) errichten lassen. Seinem Beispiel folgten vor allem die «Bordelais», die begannen, Landhäuser in mitten der Kiefern zu bauen. Sie hatten nämlich festgestellt, daß die Arbeiter, die die Nadelbäume anzapften (im Frz. : «gemmeurs»), weit weniger anfällig für Lungenkrankheiten waren, als ihre Zeitgenossen. Das Aufblühen des Tourismus hätte sich in Grenzen halten können, aber im Jahre 1841 erreichte die Eisenbahn La Teste. Die neue Bahnlinie sollte zum einen den Holztransport erleichtern, zum anderen die Belieferung Bordeaux' mit Austern ermöglichen (bis dahin hatte man die Austern in Karren transportiert). Aber ihre Eröffnung wirkte sich auch sehr schnell auf die Besucherzahlen aus : 1851 baute man in Arcachon 78 neue Villen, und im Jahre 1855 entstand die Kirche Saint-Ferdinand. 1857 war Arcachon zu einem so bedeutenden Seebad herangewachsen, daß Napoleon III.

es per Dekret zu einer eigenständigen Gemeinde ernannte (damit gehörte Arcachon nicht mehr zur Gemeinde La Teste). Die Bedeutung Arcachons zeigte sich auch darin, daß die Bahnlinie dorthin verlängert wurde. Mit seinen 388 Einwohnern nahm Arcachon nun 18700 Reisende und 5990 Badegäste auf. Das zwanzigste Jahrhundert sollte bestätigen, daß das Becken sowohl zum Zentrum der Austernzucht als auch zum Anziehungspunkt für Touristen bestimmt war, wobei beide «Aufgaben» im Laufe der Zeit noch an Bedeutung gewinnen sollten. Während des zweiten Weltkriegs gehörte Arcachon zum militärischen Sperrgebiet, und Bunker begannen die Küste zu bedecken. Aber die Deutschen mußten von ihrem Vorhaben Abstand. Nehmen, das Becken in einen großen Stützpunkt für ihre Kriegsflotte zu verwandeln. Fürdie Wirtschaft der Region entscheidender waren sowohl die Entdeckung und der Vertrieb der Heilquelle «Les Abatilles» als auch der Bau der Papierfabrik von Facture. Ein wichtiger Faktor war auch die zunehmende Schiffahrt mit Motor-und Segelschiffen. Da die Bucht geschützt liegt, bietet sie den Wassersportlern in der Tat ideale Bedingungen, und so zählt man auf ihrem Fahrwasser jedes Jahr um die 20 000 Segel-und Motorboote.

Arcachon - vom «Zufluchtsort, abgeschieden vom Lärm der Welt» zum beliebten Kur-und Vergnügungsort.

Um 1529 verläßt der Franziskanermönch Thomas Illyricus Bordeaux und macht sich mit der Absicht, von nun an in aller Abge

schiedenheit zu leben, auf den Weg zum Ozean. Schließlich erreicht er sein Zeil und kniet zum Gebet auf dem Rücken einer Düne

Eine Villa inmitten der Kiefern, auf den berümten «44ha» von Le Cap-Ferret.

nieder, als er plötzlich eine Statue der Jung-frau entdeckt. Zu ihrem Schutz baut er aus Holz eine kleine Kapelle, die die Bewohner der Gegend bald «Notre Dame d'Arcachon», bald «Notre Dame des marins» nennen wer-den. Obwohl sie 1564 noch verstärkt wird, versinkt sie im 17. Jahrhundert schließlich in den vorrückenden Sandmassen. Zum Glück baute man später eine neue, diesmal massive Gebetsstätte. Noch im 19. Jahrhundert konnte Kardinal Donnet den Zauber dieses «vom Lärm der Welt abgeschiedenen und dem Himmel zugewandten Zufluchtsortes» rühmen. 1857 zu einer Stadt und Gemeinde geworden, blühte Arcachon in der zweiten Hälfte des 19. Jahrhunderts auf, da die Ärzte sein zur Behandlung von Lungenkrankheiten günstiges Klima erkannt hatten. 1862 kauf-ten die Brüder Péreire (aus Bordeaux und Paris stammende Bankiers) Gelände auf, von dem sie dann später einzelne Grundstücke wieder verkaufen und die «ville d'hiver» («Winterstadt») so in Parzellen aufteilen konnten. 1873 «krönte» man in einer Zere-monie die «Vierge des Marins», die im Laufe der Zeit zu einer vielbesuchten Wallfahrts-stätte wurde. Im Jahre 1879 feierte der König von Spanien in Arcachon seine Verlobung mit der Erzherzogin Marie-Christine. Nach der «ville d'été» («Sommerstadt» ; an der Küs-tenstraße gelegen) und der «ville d'hiver» (sie liegt auf der Anhöhe des zum ehemaligen maurischen Kasino gehörenden Parks) ents-tanden weitere Viertel : die «ville de prin-temps» («Stadt des Frühlings»), die «ville d'automne» («Stadt des Herbstes») und Le Moulleau. Wer Arcachon entdecken möchte, begibt sich am besten zum Pier des Denkmal für die auf See umgekommenen Seeleute - ein riesiger Anker des aus Arcachon stammenden Künstlers Claude Boursaud, der dafür den Preis von Rom erhielt. Von dort aus kann man sowohl die ganze Küste als auch die ganze Stadt überblicken. Zur Zeit liegen im Jachthafen um die 2000 Segel-und Motor-boote, womit Arcachon zu einer der Hoch-burgen des Wassersports geworden ist. Wenn man das Meer von Masten betrachtet, kann man sich vorstellen, welche Entwicklung der Jacht- bzw. Segelsport in Arcachon seit dem Jahre 1899 genommen hat, als dort die erste Einheitsklasse von kleinen Schwertbooten mit einer Länge von 4,10m vor Anker ging. Neben Jachten und Segelbooten liegen im Hafen auch um die 30 Fischerboote. Im Stadtteil Saint-Ferdinand befindet sich die Kirche,die diesem Viertel seinen Namen gab und mit deren Bau 1855 begonnen wurde. Über ihr erhebt sich ein vier Meter hohes «Sacré-Coeur» und in ihrem Innern findet man eine alte, aus Holz gearbeitete Darstel-lung des Jesuskindes, derJungfrau Maria und der heiligen Anne. Wenn man zum Hafen geht, der durch vier Piere befestigt ist, ent-deckt man auf der rechten Seite das «Aqua-rium». Es hat die doppelte Funktion eines Museums und eines Universitätsinstituts für Meereskunde und war, im Jahre 1865 einge-richtet, eine der ersten Forschungsstationen ihrer Art überhaupt. Vom äußersten Ende des am Ozean entlangführenden Boulevards gelangt man direkt zum Park und zum Strand Péreire, die innerhalb der Stadt eine Art «grüne Insel» bilden. Ringsum den Park ist ein schönes Villenviertel mit riesigen Garte-nanlagen entstanden. Wenn man zur «ville d'hiver» hinauf will, kommt man an der Kir-che «Notre-Dame» vorbei. Nachdem sie durch ein Feuer im Januar 1988 zerstört wor-den war, hat man sie im darauffolgenden Jahr wiederaufgebaut. Sehenswert sind hier vor allem die Statue der «Vierge miraculeuse» aus

Ausblick vom Strand auf die Küstenpromenade in Arcachon und auf das Schloß Deganne, in dem heute ein Kasino untergebracht ist.

Die Kirche Notre-Dame-des-Passes in Le Moulleau, einem zu Arcachon gehörenden, kleinen Seebad.

dem 17. Jahrhundert, die sehr schönen Votivtafeln und der Glockenturm mit einem aus 52 Glocken bestehenden Glockenspiel aus dem Jahr 1867. Die «ville d'hiver» ist ein berühmtes Beispiel für die Architektur des letzten Jahrhunderts, wobei hier vor allem das im maurischen Stil gebaute Kasino zu nennen ist. Das Kasino, das 1863 gebaut und 1977 durch einen Brand zerstört wurde, war in der «Belle Epoque» Schauplatz des gesellschaftlichen Lebens. Als Kurort und Seebad war dieser Ortsteil mit einem Straßennetz versehen, in dem sich die Straßen an keiner Stelle im rechten Winkel zueinander kreuzen, um so vor Wind und Zugluft zu schützen. Wenn man durch den Ortsteil l'Aiguillon und an dessen Hafen entlang wieder ins Stadtzentrum zurückkehrt, sieht man einige Fischerhäuschen, die so charakteristisch für das Becken sind. Von der Stadtmitte Arcachons gelangt man durch den Ortsteil Les Abatilles, wo eine Heilquelle 465m tief aus der Erde tritt, auch nach Le Moulleau. Obwohl Le Moulleau zur Gemeinde Arcachon gehört, macht es mit seinem besonders belebten Ortskern den Eindruck einer kleinen Stadt für sich. Der eigenwillige Stil der Kirche «Notre-Dame-des-Passes» harmoniert mit den umliegenden Landhäusern. «Notre-Dame-des-Passes» wurde im 19. Jahrhundert an einer Stelle gebaut, wo vor ihr eine ehemalige Kapelle der Dominikaner stand. In ihrem Innern findet man moderne Gemälde. Gabriele d'Annunzio, der sich längere Zeit in Le Moulleau aufhielt, schrieb hier «Le martyre de Saint-Sébastien». Das Landhaus in dem er wohnte ist auch heute noch zu sehen.

La Teste-de-Buch : ehemals Zentrum des «captalat», heute eine Gemeinde mit vielen Gesichtern.

Auch wenn Arcachon (seit dem 19. Jahrhundert) und die Halbinsel Cap-Ferret (sie wurde 1976 Lège angegliedert) ihr heute nicht mehr angehören, ist La Teste immer noch eine der flächenmäßig größten Gemeinden Frankreichs. Als ehemaliges Zentrum der Region von Buch hat sie ein nicht unbedeutendes Erbe an historischen Bauwerken angetreten. Im Stadtzentrum steht das «Maison Lalanne», das mit seinen erst kürzlich restaurierten Außenseiten wieder an ein Hotel aus der Mitte des 18. Jahrhunderts erinnert. Es

Auf den folgenden Seiten :
Die Dune du Pila : mit ihrer Höhe von 105 Metern, ihrer Länge von 3 Kilometern und einer Breite von 500 Metern überragt sie die Fahrrinnen des Beckens von Arcachon. Hinter ihr erhebt sich das riesige Waldgebiet von La Teste. (Foto Jacques Thomas).

Im großen Austernhafen von La Teste ein Fischerboot (ein «pinasse») als letzter Zeuge der traditionellen Binnen-und Flußschiffahrt im Becken von Arcachon. Es war ursprünglich mit einem Segel ausgestattet und wurde ausschließlich zum Fischfang gebraucht. Heute wird es von Austernzüchtern und Touristen genutzt.

Um die dreißig Trawler bilden die Flotte des Fischereihafens von Arcachon.

18

wurde von dem Reeder Jean Daysson gebaut und fällt durch seine ebenmäßige Fassade auf, die Seile, Anker und Abbildungen der Kinder des Erbauers verzieren. Wenn man in den Straßen der Stadt spazierengeht, entdeckt man noch weitere Hotels aus dem 18. und 19. Jahrhundert. In der Kirche «Saint-Vincent» finden sich noch Spuren der Kapelle, die zum Schloß der Lehnsherren des «Captalat» gehörte. Eine Säule trägt das Datum des Jahres 1641, der Altar und sein Aufsatz stammen aus dem 17. Jahrhundert. Daneben fällt eine alte Holzstatue der Jungfrau Maria («Notre-Dame-des-Monts») auf, die aus einer heute verschwundenen Kapelle stammt. Sehenswert sind auch das Taufbecken aus dem 18. Jahrhundert, eine Votivtafel in Form eines Dreimasters und eine mit Gold überzogene Holzstatue der Jungfrau mit Kind aus dem 19.

Jahrhundert. Die quadratische Turmspitze bedeckt die ehemalige Kapelle des Schlosses der «captaux». In der Nähe der Kirche ist in einer Markthalle täglich Markt, der donnerstags, samstags und sonntags besonders belebt ist. Freunde der Archäologie können auf dem Friedhof die Überreste einer der Burgen besichtigen, die zum Besitz der Lehnsherren des «Captalat» gehörten. Ehemals Zentrum der Gegend von Buch ist La Teste heute eine Gemeinde mit vielen Gesichtern. Neben dem Stadtbild von La Teste und den angegliederten Orten (La Teste ist heute nach Groß-Bordeaux die zweitgrößte Stadt der Gironde) bieten sich uns hier Wald, der See von Cazaux (in dessen Umgebung ein großer Fliegerhorst angesiedelt ist), die Atlantikküste und die «Dune du Pilat».

Die «Dune du Pilat».

Die «Dune du Pilat» (o. : du Pyla), die ihren Namen wahrscheinlich von dem gascognischen Wort «pila» (im Frz. : «pile», «tas» ; in Dt. : «Stoß», «Haufen») herleitet, wurde 1978 zur landschaftlichen «Sehenswürdigkeit» erklärt. Mit einer gegenwärtigen Höhe von ungefähr 105m und einer Länge von 3,5 km ist dieses Naturphänomen nicht älter als zweihundert Jahre. Sie bedeckt eine ältere Düne, die sich ihrerseits auf Torfboden gebildet hat. Auch wenn er einigen Angst machen kann, sollte man einen Aufstieg nicht versäumen, denn der Ausblick, den man vom «Kamm» der Düne aus (über den Wald, den Ozean und das Becken) hat, ist einmalig. Von Arcachon aus kann man die Düne über die GR8 erreichen, die man anschließend bis zum See von Cazaux weiterfahren Kann.

Gujan-Mestras, Zentrum der Austernzucht.

«Gujan, capitale des huîtres» (Gujan, die Austernmetropole), lautet ein Werbeslogan und zumindest einmal stimmen Werbung und Wirklichkeit überein. Tatsächlich organisiert die Stadt jedes Jahr einen großen Austernmarkt und besitzt darüberhinaus nicht weni-

Die Becken in einem der sieben Austernhäfen von Gujan-Mestras. Die Austern wachsen hier zu ihrer endgültigen Marktreife heran.

ger als sieben Häfen, die mit den Holzhütten der Austernzüchter ein beliebtes Ausflugsziel sind. In Gujan kann man nicht nur Austern kosten, sondern sich auch mit den unterschiedlichen Stadien der vierjährigen Aufzucht vertraut machen. Im Frühling, in der Zeit zwischen Februar und Mai pflücken die Austernzüchter die Austernlarven von gekalkten Dachziegeln (die im Herbst zuvor in den Austernparks ausgelegt worden waren). Im Französischen wird dieser Vorgang als «détrocage» bezeichnet. Danach werden diese «Baby-Austern» mit Hilfe von flachen Maschensäcken aus Plastik, den sogenannten «ambulances» erneut ausgelegt. Im folgenden Winter haben die Austern, die mittlerweile einen Reifeprozeß von insgesamt 18 Monaten hinter sich haben, an Gewicht gewonnen. Dieses schwankt jedoch, je nachdem, wo und zu welchem Zeitpunkt sie sich festgesetzt haben. Darüberhinaus werden sie nun nochmals zum Sichten aus dem Wasser geholt. Nachdem sie aussortiert worden sind, setzt man sie wieder in ihre «ambulances» in den Parks aus. Die Austernzüchter beseitigen nun regelmäßig Algen und Gräser, die das Wachs-

tum der Austern beeinträchtigen könnten. Ebenso sorgen sie dafür, daß die Säcke nicht vom Sand zugedeckt werden. Diese Arbeiten werden solange verrichtet, bis die Austern schießlich marktreif sind. Hauptanziehungspunkt von Gujan sind die Austernhäfen, aber sehenswert ist daneben auch die Kirche mit ihren schönen Votivtafeln, unter denen sich auch eine in Form eines Dreimasters befindet. In der Chorhaube steht eine Statue aus dem Jahre 1615, die wahrscheinlich den heiligen Moritz darstellt. Genausowenig sollte man sich einen Besuch im «Marinoscope», einem sehr interessanten Museum für Modellschiffbau (es liegt an der «Route des lacs») entgehen lassen. Ein Besuch lohnt sich auch im Freizeitpark für Wassersport «Aquacity» oder im Tiergarten «La Coccinelle». Zwischen Gujan und La Teste gelegen, ist La Hume ein kleiner Ferienort, der es aber versteht, zahlreiche Attraktionen, darunter das «Village Médiéval» zu organisieren. In dieses «mittelalterliche Dorf» kommen im Sommer zahlreiche Handwerker, die in Kostümen der Zeit die reiche Tradition ihrer Berufe wiederaufleben lassen.

Altertumsforschung und Vogelkunde in Le Teich.

Die Gemeinde Le Teich liegt im Süden der Bucht und war schon seit alters besiedelt. Dies belegen prähistorische Funde und Überreste aus gallo-römischer Zeit, die man in Lamothe entdeckt hat. Im Ancien Régime war Le Teich für einige Zeit Sitz des «Captalat». In der Kirche von Le Teich, die 1923 verändert wurde, findet man eine Christusstatue aus dem 16. Jahrhundert und eine mehrfarbige Holzstatue des heiligen Jakobus aus dem 17. Jahrhundert. Dank der günstigen Bedin-

gungen, die man ringsum das Delta der Leyre vorfindet, konnte in Le Teich 1972 ein großer Vogelpark angelegt werden. Auf einer Fläche von 120ha kann man hier mehr als 260 Vogelarten beobachten, wobei die Zugvögel zahlenmäßig besonders stark vertreten sind. Dieses Naturschutzgebiet gehört, ebenso wie mehrere Gemeinden des Beckens (Le Teich, Biganos und Audenge) zum «Parc Naturel Région des Landes de Gascogne».

Vom Pier Belisaire auf Le Cap-Ferret fahren die Boote nach Arcachon oder Le Banc d'Arguin. Im Hintergrund entdeckt man die Landspitze von Le Ferret und die Dune du Pilat.

Ein Schauplatz der Geschichte - Biganos.

Ebenso wie Le Teich war auch die Gemeinde Biganos seit alters besiedelt. Davon zeugen drei prähistorische Fundstellen (an Orten mit den Flurnamen Gaillards, Le Houn de la Peyre und Le Bois de Baubert) und eine Römerstraße, die an der Leyre entlangführte. Im Mittelalter fanden Versammlungen von Domherren im Kloster von Comprian statt. Aber von diesem Kloster ist heute nur noch ein aus dem 14. Jahrhundert stammendes Taufbecken erhalten, das in der heutigen Kirche steht. Wurde Biganos durch die Protektion mächtiger Lehnsherren (hiermit sind die Lehnsherren von Buch, aber auch die Kör-perschaft der Domherren von Saint-Seurin gemeint) oder durch seine günstige Lage und sein Netz von Landverbindungswegen zu den Orten des Beckens (war Biganos eine Rast- und Umspannstelle auf dem Pilgerweg des heiligen Jakobus ?) zu einem Schauplatz der Geschichte ? Welches auch immer eine Erklärung hierfür sein mag, die kleine Industriestadt von heute (sie besitzt eine große Zellulosefabrik) ist reich an Geschichte. Aber sie war auch ein geheimnisumwitterter Ort, von dem überliefert ist, daß die Hexenmeister dort ihre großen Sabbate hielten.

In Audenge stehen Geschichte und Natur miteinander in Einklang.

Im Mittelalter und im Ancien Régime bildete Audenge ein großes Lehensgut. Für die kranke Sarah Bernhard, die sich 1915 in Audenge niederließ, wurde es zum Zufluchtsort, und so ist also auch dieser Ort von der Geschichte nicht vergessen worden. Diejenigen, die sich für die Gesehichte des Ortes und der Region interessieren, können hier neben einer interessanten Statue des heiligen Ivo (sie wird immer am 19. Mai verehrt) auch das Schloß von Certes entdecken, das heute zum «Parc Régional» gehört. Aufschluß über das Leben in der Region geben Sammlungen archäologischer Funde, die im Haus «Louis David» untergebracht sind. Aber die Geschichte hat die Landschaft auch durch ein Unternehmen geprägt, das Audenge zu einem beliebten Anziehungspunkt für Touristen machen sollte : die Fischbecken des Marquis de Civrac (siehe weiter oben im Text) werden heute besonders von Naturfreunden geschätzt und sind mittlerweile auf dem Weg, der von der Küste wieder nach Lanton führt, zu erreichen. Von dort aus können Spaziergänger neben den Becken auch Jagdhütten (zur Entenjagd legen sich hier die Jäger auf die Lauer) und die «Palombières» (teils zu ebener Erde, teils auf Pfeilern gebaute Holzhüt-

L'Herbe, ein kleines Dorf zwischen Dünen und Strand, das für die Austernzucht wie geschaffen ist. L'Herbe ist einer der für das Becken charakteristischsten Orte.

ten zur Ringeltaubenjagd) entdecken. Von der Landspitze von Branne bietet sich ihnen darüberhinaus ein schönes Panorama. Auf dem Weg von Audenge nach Andernos kommt man durch Lanton, Cassy und Taussat. Lanton besitzt eine Kirche aus dem 12. Jahrhundert, deren Kapitelle Kiefern und Reiher schmücken, was auf eine archaische Bildhauerarbeit aus der Region schließen ;

läßt. Cassy, ein kleiner Ort mit einem Austernhafen, ist zugleich auch ein Seebad, das vor allem Familien anzieht. Durch sein mildes Klima wurde Taussat, ein kleiner Ort, der wie Cassy einen Austernhafen besitzt, zu einem idealen Kurort für Tuberkulosekranke. Seine Villen, die in grünenden Gärten verstekt liegen, sind zwar schlicht, aber haben ihren eigenen, besonderen Stil.

Ein friedlicher Urlaubsort mit viel Charme - Andernos.

Wie viele Städte und Dörfer des Beckens besitzt auch Andernos einen reizvollen Hafen, wobei die auf dem Wasser schaukelnden Kähne an chinesische Häfen denken lassen. Vor den Hütten der Austernzüchter türmen sich gekalkte Dachziegeln auf, die, bevor sie schließlich verladen un in den Parks ausgelegt werden, dort gestapelt werden. Aber Andernos bietet darüberhinaus noch eine Attraktion, um die es viele Gemeinden beneiden könnten : neben der heutigen Kirche Saint-Eloi findet man Ruinen einer antiken Basilika. Diese Überreste stammen aus dem 4. oder 5. Jahrhundert, und vielleicht befinden sie sich an einer Stelle, wo vor ihnen eine

noch ältere Gebetsstätte stand. Sie bilden eine halbkreisförmige Apsis, die eine große Halle abschließt. Von der Basilika, die nach Westen liegt, hat man jedoch nur die Grundmauern ausgraben können. Saint-Eloi selbst ist eine romanische Kirche, die aber durch die Zerstörung der südlichen Chorkapelle und den Bau des Glockenturms an der Ostseite viel von ihrer Homogenität eingebüßt hat. In der nördlichen, im 15. Jahrhundert gebauten Chorkapelle findet man abwechselnd Back- und einfache Steine. Die Kapelle, die der in der Gascogne viel verehrten heiligen Quitterie geweiht ist, fällt darüberhinaus besonders durch ihre Ausstattung auf.

Eine jung gebliebene Hundertjährige - Arès.

Erst im letzten Jahrhundert, genauer im Jahre 1851, wurde Arès, das bis dahin zu Andernos gehört hatte, zu einer eigenständigen Gemeinde. Aus dieser Zeit stammt auch

die Kirche, deren Fenster jedoch von dem modernen, aus Bordeaux kommenden Glasmaler Mirande sind. In ihrer Nähe steht inmitten eines schönen Parks das ehemalige

Schloß von Sophie Wallerstein, die den Ferienort durch Spenden immer wieder unterstüt hat. Heute ist hier ein Altersheim untergebracht. Nicht weit vom Pier steht ein alter Turm als einziger Überrest einer antiken Mühle. Abends sollte man zum äußersten Ende der Mole gehen, um von dort aus die sich im Wasser spiegelnden Lichter der Städte ringsum das Becken zu bewundern.

Lège - Tor zum Norden des Beckens.

Touristen, die über La Pointe de Grave und die «Route des lacs» in das im Norden der Bucht gelegene Lège kommen, können von dort aus das Becken entdecken. Von seiner Lage her gehörte Lège noch zur Region von Buch, zugleich unterstand es jedoch den Domherren der Kathedrale Saint-André in Bordeaux - eine doppelte Zugehörigkeit, die dem Lehen zahlreiche Schwierigkeiten einbrachte. Wiederholt machten ihm die Lehnsherren von Buch einige Rechte, darunter vor allem die Erlaubnis zum Fischfang, streitig. Die Ordensgeistlichen mußten sogar mit dem Kirchenbann drohen damit der «Captal» schließlich sein Verhalten als «injustes et injurieuses» («ungerecht und beleidigend») einsah. Die Kirche von Lège hat gleich zweimal hintereinander ihren Standort gewechselt, und so ist das heutige Gebäude noch relativ neu. Es bewahrt jedoch noch Überreste (vor allem zwei Kapitelle) der ehemaligen Kirche.

Fischerhütten und Austerndörfer - die Küste im Nordwesten der Bucht.

Seit 1976 umfaßt die Gemeinde Lège auch die Halbinsel Le Cap Ferret, die bis dahin größtenteils zu La Teste gehört hatte. Sie erstreckt sich über eine Länge von 25 km und bietet dem Besucher an ihrer im Nordwesten der Bucht gelegenen Küste neben hübschen Seebädern auch eine Handvoll Austerndörfer. Diese sind im Unterschied zu anderen Orten auf einem Gebiet gebaut worden, das der Verwaltung des Staates unterstellt ist. Wenn man an der Küste des Beckens entlangfährt, entdeckt man zunächst Claouey, einen bekannten Ferienort, der um das Haus eines Nagelschmieds herum entstanden sein soll. Danach folgen Le Petit-Piquey und Le Grand-Piquey mit ihren schönen Villen. Zwischen diesen beiden Orten gelegen, bietet La Pointe aux Chevaux nicht nur ein Stückchen geschützter Natur, sondern auch einen schönen Ausblick auf das ganze Becken. Seinen Namen erhielt der Ort daher, daß die Pferde von dort aus zum Weiden auf die «Ile aux Oiseaux» getrieben wurden. Der Spaziergang führt schließlich weiter nach Pirailhan und Le Canon, das seinen Namen dadurch bekam, daß dort zur Zeit der Revolutionskriege eine

Batterie in Stellung gebracht wurde. In L'Herbe sollte man die im maurischen Stil gebaute Kapelle besichtigen ; sie ist einziger Überrest der «Villa Algérienne», die 99 Jahre nach ihrem Bau im Jahre 1866 zerstört wurde. Das Austerndörfchen ist mit seinen malerischen Hütten überhaupt einen Besuch wert.

Ein zivilisierter Zipfel am Ende der Welt - Le Cap-Ferret.

Wie wir bereits gesehen haben, hat sich die Landspitze von Cap-Ferret im Laufe der Jahrhunderte ausgedehnt. Touristen zieht es besonders an seine beiden Strände, von denen der eine dem Becken, der andere dem Meer zugewandt liegt. Daneben lockt auch sein günstiges Klima, das durch den Wald, die Bucht und den Ozean beeinflußt wird. Während eines Aufenthalts in Le Ferret sollte man auf keinen Fall versäumen, den im Jahre 1839 gebauten Leuchtturm zu besichtigen. Nachdem er unter der deutschen Besatzung zerstört worden war, baute man ihn 1946 wieder auf. Von seinen 52 Metern hat man einen sehr schönen Ausblick auf den Ozean, die Bucht und die Halbinsel Le Cap-Ferret. Ein schönes Panorama bietet sich uns auch von der Landspitze, von der aus man die Küste der Landes entdecken kann. Man fühlt sich dort wie am Ende der Welt, wobei jedoch nichts an ein rauhes «finisterre» erinnert. Vielmehr scheint alles zum Wohlbehagen und Vergnügen geschaffen zu sein.

Zwei Vogelparadiese.

Inmitten des Beckens von Arcachon ragt eine Landfläche nur wenig aus dem Wasser hervor : es ist die «Ile aux Oiseaux». Sie wird nicht von Menschen bewohnt, aber einige Austernzüchter haben dort Geräteschuppen gebaut. Halb im Wasser verschwunden, halb festen Boden bildend, ist sie ein Fleckchen noch unberührter Natur. Bei gutem Wetter kann man von Arcachon aus zwei auf Pfählen gebaute Hütten, die sogenannten «tchanquées» («tchanques» ist das gascognische Wort für «Stelzen»), an seinem südlichen Ufer entdecken. Bei Ebbe erstreckt sich die Insel über eine Fläche von ungefähr 1000 ha, von denen zwei Drittel jedoch wieder vom Meer bedeckt werden. Früher wurde die Insel wegen der kräftigenden Wirkung ihrer Pflanzen geschätzt, mit denen man die Tiere (Pferde und Schafe) fütterte. Im Zugang zum Becken liegt eine zweite Insel, die «Banc d'Arguin». Es ist eine Sandbank, die eine kleine Bucht umgibt. Die kleine Insel, auf der

Im Jahre 1839 gebaut, wurde der Leuchtturm von Le Ferret 1944 durch die Deutschen zerstört. Er wurde 1946 wieder aufgebaut und ist heute 52 Meter hoch.

vor allem Strandhafer wächst, lockt große Schwärme von Seevögeln, darunter (mit unge- fähr 4000 Paaren) besonders Seeschwalben (genauer : die Sterna sandvicensis), an.

Auf den vorangegangenen Seiten :
Austernparks, Austernfähren, Karren und Schienen : die Arbeitsutensilien eines Austernzüch-
ters aus der Gegend von Arcachon. Im Hintergrund entdeckt man die «Ile aux Oiseaux».

Ein Ausblick von der «Ile de Malprat», die in einem entlegenen Abschnitt des Beckens liegt :
unter einem gewitterverhangenen Himmel erstrecken sich die «crassats».

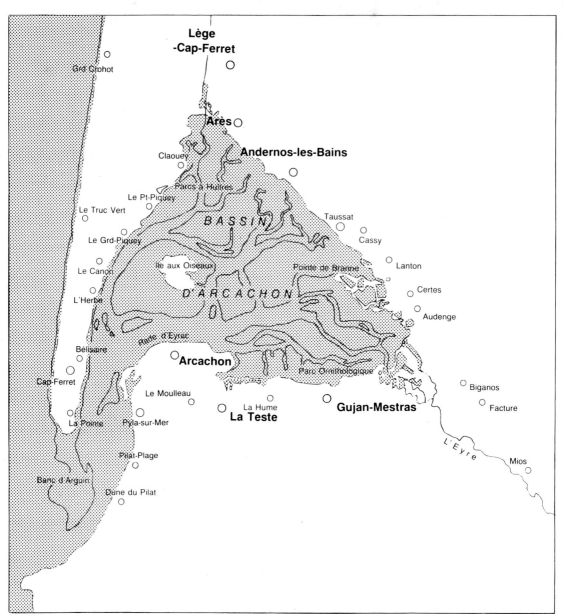

Carte de Geneviève ROBERT

© Copyright 1990 - Editions SUD-OUEST. Ce livre a été imprimé chez Raynard à la Guerche-de-Bretagne - 35 - France. La photocomposition a été réalisée par CSR à Bordeaux - 33. Mise en page du studio des Editions Sud-Ouest à Bordeaux. Photogravure couleur de Bretagne Photogravure à Bruz - 35. Pelliculé par DCP à Château-Gontier - 53.
ISBN 2.905.983.850 — Editeur 089.01.08.05.90.